Kein Blatt ist unbeschrieben

Gerd Elgo Lampel

Kein Blatt ist unbeschrieben

Märchen und Fabeln

Illustriert von
Martin Schmandt

EDITION GROHBERG

Bad Schwalbach 1995

Text:
Gerd Elgo Lampel, Jahrgang 1925, Journalist, 65307 Bad Schwalbach

Illustrationen:
Martin Schmandt, Jahrgang 1941, Maler und Kunstlehrer, 35625 Hüttenberg

Verlag:
Heide-Marie Stegemann, Edition Grohberg, Bad Schwalbach, 1995

Druck:
Georg Aug. Walter's Druckerei GmbH, 65343 Eltville im Rheingau

ISBN 3-929847-02-7

Printed in Germany

Inhalt

I. Die Geschichten von den Farben

II. Tiere denken nicht – aber sie sprechen

I.

Die Geschichten von den Farben

Erdacht, weil ein
kleines Mädchen
darum bat,
man möge ihm
Geschichten in Farben
erzählen

Es gab einmal einen großen Streit unter den Farben. Jede wollte den Vorrang haben, denn jede meinte, sie sei schöner und wichtiger und daher häufiger in der Natur abgebildet als die andere.

Die Sonne kam hinzu, als alle Farben laut durcheinanderredeten. Sie ließ einen blinkenden Sonnenstrahl schnell rundumwandern – da waren die Farben so geblendet, daß sie vor Schreck verstummten.

„Was streitet Ihr Euch!" sagte die Sonne. „Gebt Ruhe, denn mein Freund, der Mond, will jetzt schlafen." Die Farben schwiegen, aber ihr Streit war damit nicht entschieden. Da verkündete die Sonne: „Keine Farbe ist wichtiger als die andere – wichtig ist nur das Licht, wichtig bin nur ich, die Sonne!"

Die kleine Farbe Rosa, die besonders vorwitzig war, faßte sich als erste ein Herz. Sie antwortete der Sonne, indem sie sich hinter ihrer großen Mutter Rot versteckte: „Aber Du hast ja auch eine Farbe, Sonne – und wenn Du untergehst, hast Du auch noch viele andere!"

Und da sprachen wieder alle Farben durcheinander, und die Sonne sah, daß so kein Friede zu stiften war. Da rief sie von der Erde einen Menschen, der sollte entscheiden, welche Farbe die schönste sei.

Der Mensch sah sich alle Farben an, und er fand sie alle wunderschön. Sein Auge sagte: „Ihr seid alle verschieden, aber Ihr seid doch alle schön – eine wie die andere. Ich kann nicht sagen, welche mir am besten gefällt. Aber ich will meine Hände und meine Nase fragen und meinen Mund und meine Ohren – vielleicht wissen sie, welche von Euch die schönste ist."

Aber die Hände sagten: „Ich kann die Farben nicht fühlen, sie sind alle gleich – sie sind nicht rauh und nicht sanft.“ Und die Nase sagte: „Ich kann die Farben nicht riechen.“ Und der Mund sagte: „Ich kann die Farben nicht schmecken.“ Aber die Ohren sagten: „Wenn ich die Farben hören könnte, würde ich vielleicht wissen, welche die schönste ist. Jede Farbe soll eine Geschichte erzählen. Ich will zuhören, und dann werde ich Euch antworten.“
Die Sonne mußte wieder weiter, denn sie hatte schon ein gutes Stück ihres täglichen Weges versäumt. Sie lief schnell hinter den Wolken bis zu der Stelle, an der sie nun eigentlich stehen mußte. Dort kam sie strahlend wieder hervor, als sei nichts gewesen. Die Farben aber setzten sich alle um den Menschen herum, und nacheinander erzählte jede ihre eigene Geschichte.
Alle hörten sie aufmerksam zu, und jedesmal, wenn eine Farbe geendet hatte, riefen die anderen: „Oh, das wußten wir ja gar nicht von Dir – was bist Du schön – Du bist ja viel schöner als ich!“
Und der Mensch freute sich, daß die Farben nun, da sie sich näher kennenlernten, so gut zueinander waren. Und die Ohren hörten weiter aufmerksam zu.
Das aber waren die Geschichten, die von den Farben erzählt wurden:

Die Farbe Hellblau begann:

Es war einmal ein Vogel, der war es gewohnt, von Fischen zu leben. Er flog darum immer über das Wasser, und wenn er Hunger verspürte, dann schaute er nach unten, wo er sicher bald ein Fischlein erspähen würde. Wenn er es aber sah, stieß er kerzengerade wie ein Pfeil herab, steckte seinen spitzen Schnabel eine winzige Sekunde ins Wasser, schnappte zu – und dann hatte er den Fisch, den er sich beim Weiterfliegen gut schmecken ließ.
Dieser Vogel war recht zufrieden mit seinem Leben, er wollte es nicht anders haben. Den ganzen Tag sah er den weiten blauen Himmel und die etwas dunklere See, und das waren für ihn die schönsten Farben, die es gab. Abends, wenn es dunkel wurde, setzte er sich auf eine Welle, ließ sich von ihr tragen und schlief ein. Er träumte von ganz großen Fischen, die er fing, und immer stellte er sie sich hellblau vor, denn das war seine Lieblingsfarbe.
Eines Tages flog er über ein langes Schiff. Er bekam Hunger, denn aus dem Schornstein kam ein leichter hellblauer Dampf, und es roch so gut – wahrscheinlich aßen die Menschen, die auf dem Schiff wohnten, heute Mittag auch Fisch. Vielleicht, dachte der Vogel, vielleicht kann ich etwas davon aufschnappen. Und er flog ein wenig tiefer, um zu sehen, ob nicht irgendwo auf dem großen Schiff für ihn etwas zu essen wäre. Und da paßte der neugierige Vogel einen Augenblick nicht auf. Er stieß gegen einen dünnen Draht zwischen zwei Masten des Schiffes, er brach sich einen Flügel und fiel wie tot auf das harte Deck des Schiffes. Seine Seite tat ihm furchtbar weh, und er piepste vor Schmerz wie eine kleine Maus.
Das hörte der Kapitän, dem das Schiff gehorchen mußte. Er war ein großer Mann mit einem weißen Bart, und aus dem

Bart kam immer eine dampfende Tabakspfeife hervor. Er ging zu dem Vogel hin, hob ihn behutsam auf und nahm ihn mit in seine Kajüte. Dort wohnte der Kapitän.

Der Vogel hatte schreckliche Angst, daß er nun sterben müsse. Sein Herz klopfte vor Furcht und Schmerz doppelt so schnell und dreimal so laut. Er entsann sich nämlich einer Stunde in der Schule, als man ihm gesagt hatte, daß die Menschen zuweilen auch Vögel essen. Ihm wurde ganz elend, als er sich vorstellte, welches Schicksal ihm bevorstand.

Aber der Kapitän hatte ganz zarte Finger, obwohl sie riesengroß waren. Er faßte den gebrochenen Flügel behutsam, band eine Schiene daran fest und bettete den Vogel in einem Korb.

Der Flügel tat nun nicht mehr so weh, aber der Vogel war doch noch ganz krank. Er sah sich in der fremden Umgebung neugierig alles an – nirgends war etwas Hellblaues zu sehen, er vermißte das schrecklich. Da kam der Kapitän wieder auf den Vogel zu, mit seinen schweren Schritten, und dem kranken Tier wurde ganz bang. Aber der Kapitän streichelte ihn sacht, und nun wagte der Vogel es auch, den großen Menschen anzusehen. Und da sagte er vor Freude wieder „Piep!", und diesmal klang es gar nicht wie bei einer kleinen Maus. Der Kapitän hatte nämlich richtig hellblaue Augen, von derselben Farbe wie der Himmel und das Meer.

Da freute sich der Vogel sehr, und deswegen heilte auch der Flügel ganz schnell. Als alles wieder gut war, ging der Kapitän mit dem Vogel durch eine Tür auf das Brückendeck unter freiem Himmel. Er öffnete seine Hand und erlaubte dem Vogel, wegzufliegen. Der breitete seine Flügel aus – und er spürte, daß sie wieder gesund waren – und flog erst einmal

ganz schnell und ganz steil nach oben. Was freute er sich, daß er wieder fliegen konnte!
Er sah nach unten auf das Schiff, das ihm ganz klein erschien, aber er sah auch die Augen des Kapitäns. Die waren nun nicht mehr so fröhlich hellblau, der Kapitän schien traurig zu sein, daß der Vogel weggeflogen war. Doch der erkannte das, stieß wieder kerzengerade herunter, setzte sich dem Kapitän auf die Schulter und sagte: "Piep."
Der Kapitän lächelte, denn er wußte, was das zu bedeuten hatte. Der Vogel hatte nämlich gemeint: Von nun an bleibe ich bei Dir, auf Deinem Schiff. Und da wurden die Augen des Kapitäns wieder so schön hellblau wie der Himmel und die See.

Dann erzählte die Farbe Lila, die eigentlich Violett hieß:

Es war einmal ein Edelstein, ein großer, blanker und sehr schöner Edelstein. Er lag tief unter der Erde, noch hatte kein Mensch je so etwas Schönes gesehen.
Seine Farbe war Violett.
Diese Farbe war sehr selten. Man sah sie auf der Erde nur vorübergehend: Eine seltene Blume färbte sich in ihrer kurzen Blüte lila, der Himmel leuchtete abends in einem schmalen Streifen manchmal so auf, und das Gestein flimmerte in Sekundenteilen violett. Die Menschen dachten, das sei eine besondere Farbe, weil sie doch so selten war, und deshalb schmückten sich ihre Frauen damit und hingen sich bunte Tücher um, die diese Farbe hatten.
Eines Tages entdeckte ein armer Mann in seinem Garten den Edelstein. Er konnte einen solchen Fund nicht geheimhalten, und so hörte auch ein sehr reicher Mann davon. Er fuhr sogleich zu dem Garten des armen Mannes, ließ sich bis vor das Haus tragen und sprach mit dem armen Mann. Der Reiche wollte den Stein sehen und ihn kaufen, weil er ihn so schön fand.
Der arme Mann war noch nie einem Großen seines Landes begegnet. Aus Furcht vor der Macht des Reichen willigte der arme Mann in den Kauf ein. Der reiche Mann gab ihm viel Geld und reiste wieder ab, zurück in seinen großen Palast. Dort schenkte er den Stein einer wunderschönen Frau, die er nun noch mehr liebte, weil sie zu ihrer eigenen Schönheit jetzt auch noch den schönsten Stein der Welt besaß.
Der Reiche gab ein großes Fest, und alle Gäste bewunderten die schöne Farbe des Steines, und jede Frau wollte auch so einen Stein haben. Bald wurden die anderen Frauen so neidisch, daß sie ihre Männer dazu anstifteten, ihnen mit Gewalt

den Stein zu erringen. Einige ließen sich überreden, und sie begannen Kriege mit dem reichen Mann.
Aber wer viel Geld hat, der kann auch viele Soldaten bezahlen. Die Gegner wurden geschlagen, und so blieb der Stein weiterhin im Besitz der schönen Frau, die dem reichen Mann immer nahe war, Tag und Nacht. Am Tage, wenn er mit der schönen Frau sprach, setzte er sich gern so, daß die Sonnenstrahlen sich im Edelstein brachen und er das beobachten konnte. Und des Nachts sah der reiche Mann manchmal das Blitzende am Hals der schlafenden Frau. Sein Herz, das bisher nur Reichtum gesucht hatte, lernte nun auch etwas von der Schönheit kennen. Und es war keine menschliche Schönheit, sondern etwas Überirdisches – das Funkeln eines violetten Steines.
Eines Tages war der Edelstein verschwunden. Die schöne Frau bat den reichen Mann auf den Knien, ihr nicht böse zu sein: Sie habe ihn verloren, als sie auf dem hohen Felsen am Meer gestanden habe, der Stein sei ins Wasser gefallen, dort, wo es am tiefsten sei, und niemand werde ihn je wiederfinden. Der reiche Mann war sehr betrübt, aber er zeigte niemandem seine Trauer, und er verzieh ihr.
Bald darauf, nach einem großen Festessen im Palast, wurde er sehr krank. Alle berühmten Doktoren des Landes bemühten sich um ihn, aber er starb unter großen Schmerzen. In der Trauerzeit noch verschwand seine Frau aus dem Palast, diese schöne Frau, die einst den Stein besessen hatte. Der Edelstein war nämlich gar nicht ins Meer gefallen. Sie hatte ihn einem jungen Mann gegeben, mit dem sie oft heimlich zusammengewesen war. Nun suchte sie den jungen Mann auf, aber er wollte nichts mehr von ihr wissen, nun, da er ja den Stein

hatte. Auf ihn, nicht auf die Frau, war schon immer sein ganzes Begehr gerichtet gewesen.
Als die schöne Frau das erkannte, wurde sie zornig. Sie hatte den reichen Mann mit heimlich vergiftetem Essen umgebracht, um frei zu werden, und ihr Gewissen drückte sie schwer. Um die Enttäuschung, die der junge Mann ihr bereitet hatte, zu rächen, überredete sie andere Männer, einen Krieg anzuzetteln mit jenem jungen Menschen, der jetzt den Stein besaß. Sie war nun nicht besser als jene neidischen Frauen im Palast, die einst das gleiche getan hatten, als der reiche Mann noch lebte.
Der Stein wechselte immer wieder den Besitzer, und es gab viel Unglück unter den Menschen. Wer gerade den Stein besaß, mußte Sorge haben, daß er von vielen Seiten angegriffen wurde. Und so kam es, daß einer, der gerade den Edelstein gewonnen hatte, ihn zerschlagen mußte, um seine Soldaten zu bezahlen, die hartnäckig den ihnen zustehenden Sold forderten. Aus dem großen Stein wurden viele kleine violette Stücke. Das war das Ende des lila Edelsteines – und daher kommt es, daß die Menschen auf Java noch heute sagen, lila sei keine gute Farbe. Dabei ist es eine Farbe wie alle anderen auch. Nur: Sie ist etwas seltener. Sie ist nicht gut und ist nicht schlecht. Nur: Manche Menschen sind nicht gut.

Nun hob die Farbe Braun an:

Es war einmal ein großer starker Bär, und der hieß Meister Braun. Aber seine Freunde nannten ihn nur „Petz".
Obwohl er nämlich sehr stark war, hatte kein Tier Angst vor ihm. Er war so gütig, hilfsbereit und fröhlich, daß ihn alle gernhatten. Er wohnte oben in den Felsen, in seiner Steinhöhle, und nur ab und an kam er zu den anderen Tieren herunter, um zu erfahren, ob es wohl Neues gab. Dann trottete er gemächlich durch die Felsenschluchten, brummte ein urkomisches Lied vor sich hin, wackelte dabei mit dem Kopf und drehte sich manchmal vor Übermut ein paarmal im Kreise. Wenn die anderen Tiere ihn kommen sahen, dann beobachteten sie ihn heimlich, und sie mußten schrecklich lachen, wie er so von dem einen Bein auf das andere plumpste, der schwere, gute Meister Petz.
Wieder einmal war er heruntergekommen aus seiner Berghöhle. Diesmal gab es gute Nachrichten für ihn. Man erzählte ihm, daß eine fremde Bärenfamilie mit einer wunderhübschen Tochter hier durchreisen würde, und man fragte Petz, ob er nicht daran denke, auch einmal zu heiraten. Da blinzelte Petz mit seinen kleinen Äuglein und sagte, daß er sehr gern heiraten wolle, aber jemand anderen als eine junge Bärin wolle er nicht heiraten, und so etwas wäre ihm bisher in dieser Gegend hier nicht begegnet, und allzuweit laufen wolle er wegen des Heiratens nun auch nicht, aber ein kleines Froschfräulein könne er doch wohl nicht heiraten! Da lachten alle, und auch Petz stimmte darin ein, vor Freude schlug er die Tatzen zusammen. Da baten ihn die anderen Tiere, er möge doch wieder einmal tanzen. Die Vögel auf den Zweigen stimmten schon ihre Kehlen, der Specht klopfte den Takt: „Eins, zwei, drei!", und dann sangen sie. Meister Petz, der große braune

Bär, stand in der Mitte, alle anderen Tiere saßen und lagen im Kreis um ihn herum und freuten sich auf die komischen Bewegungen, die Petz wieder machen würde.
Meister Braun tanzte gern, auch weil er wußte, daß er die anderen Tiere damit fröhlich machte. So begann er denn – plötzlich aber hörten die Vögel auf zu singen. Petz hielt inne und sah sich um: Da kam ja die neue Bärenfamilie angetrottet, vorne die flinke Mutter, dann eine wunderschöne Tochter und dahinter ein sehr würdiger Papa. Da wollte Petz nicht mehr tanzen, er versteckte sich hinter einem Steinhügel, denn zum erstenmal in seinem Bärenleben schämte er sich.

Aber die Vögel hatten ihren ersten Schreck schon überwunden, und sie begannen, ein Begrüßungslied zu singen. Das gefiel der Bärenfamilie so gut, daß sich das Mädchen erhob und mit einer entzückenden Stimme fragte, ob sie etwas vortanzen dürfe. Alle Tiere riefen begeistert: „Ja!“, und dann tanzte sie. Wie wunderschön sie tanzte! Petz saß hinter seinem Steinhügel und bekam vor Staunen den Mund nicht mehr zu: War das eine schöne junge Bärin – die mußte er einfach heiraten!
Er rief leise einen Affen zu sich – der mußte ihm die wenigen Läuse in seinem dichten braunen Fell suchen und abknabbern, eine Katze biß ihm die wieder einmal zu langen Krallennägel ab, und ein Pfau kämmte ihm mit seinem Pfauenrad wunderschön die Haare. Währenddessen saß Petz ganz still da und ließ kein Auge von der schönen, jungen braunen Bärin, die da tanzte. Sie war das Herrlichste, was er je gesehen hatte. Ihr Fell glänzte wunderschön, und ihre Augen waren ganz klein und lustig.

Da hielt er es einfach nicht mehr aus. Er sprang hinter seinem Felsen hervor, und dann tanzten die beiden zu zweit. Die Vögel sangen noch lauter und schöner, Petz hatte wirklich noch nie so gut getanzt. Zum Schluß legte er seiner etwas kleineren Partnerin die Tatzen auf die Schulter und gab ihr mit seiner großen weichen Schnauze einen dicken Kuß. Die frechen Affen erzählten nachher, sie hätten gesehen, wie die Bärin vor Freude darüber Petz mit ihrer Zunge über die Nase geleckt habe, es sei eine ganz entzückende Zunge gewesen! Aber die Affen erzählen ja immer so ein dummes Zeug.

Die beiden heirateten, die Eltern des Bärenmädchens nahmen Abschied, und dann wanderten Meister Petz und seine junge Frau, nun gemeinsam vor sich hinbrummend, wieder ihrer Höhle zu – und der gute Meister Braun war nie mehr allein.

Da sprach mit leiser Stimme die Farbe Grau:

Es war einmal eine Wolke, die war sehr unglücklich. In ihrem Gesicht sah sie grau aus und überall sonst auch. Manchmal weinte sie ein bißchen darüber, aber das änderte nichts. Der Wind trieb sie immer weiter, nirgends konnte sie bleiben und sich ausruhen, nirgends mochte man sie gern sehen.
Eines Tages sprach der Nebel zu ihr, denn er war auch grau und verstand ihre Sprache: „Komm mit mir – ich will Dir etwas zeigen!"
Die Wolke folgte dem Nebel. Der ging ganz tief zur Erde hinunter, so daß die Wolke Mühe hatte zu folgen, und ließ sie eine Blume sehen, die von der Sonne ganz verdörrt war. Wenn sie nur ein bißchen Schatten gehabt hätte, wäre sie am Leben geblieben – und vielleicht könnte sie wieder ganz gesund werden, wenn sie so lange im Schatten bliebe, bis sie wieder groß und stark geworden war. Das sah die Wolke, und der Nebel ließ sie wieder allein.
Plötzlich wußte die Wolke, was sie zu tun hatte – und ihr Grau schien nun gar nicht mehr so häßlich. Zum erstenmal freute sie sich auf den nächsten Tag. Als der kam, folgte sie der Sonne. Die Wolke hielt sich aber immer so vor der Sonne, daß kein zu greller Sonnenstrahl auf die kranke Blume fallen konnte. Sie ließ sich vom Wind auch heute treiben, aber immer gerade nur so viel, wie auch die Sonne weiterging. So kam es, daß die Blume von den Sonnenstrahlen nicht weiter verdörrt wurde.
Das machte die Wolke ein paar Tage. Zuweilen regnete sie auch ein bißchen über der kranken Blume, damit die etwas zu trinken hatte. Und langsam, ganz langsam, erholte sich die Blume wieder: Ihr Stengel richtete sich auf, und ihre Blätter bekamen Farbe.

Da wurde die Wolke sehr froh – aber am glücklichsten wurde sie, als sie sah, daß sich eine Knospe entwickelte. Die wollte sie noch zum Blühen bringen, und dann wollte sie anderen kranken Blumen helfen. So verdeckte sie weiter zu den heißen Stunden des Tages die Sonne für die kleine Blume, abends aber ließ sie das Licht frei auf die Knospe strahlen, denn ein wenig Sonne tat dem Pflänzchen ja auch gut.

Eines Morgens öffnete sich die Knospe, und was kam zum Vorschein? Eine graue Blüte! Wohl waren auch bunte Flecken in der Blüte, die Grundfarbe aber war grau. Die Blüte war wunderschön und groß und stark, und sie würde viele Samen haben – das sah man sofort.

Als die Wolke erkannte, wie gut ihre Arbeit gedieh und wie nützlich ihr Grau für die Geburt dieser kleinen Blüte gewesen war, da empfand sie plötzlich so etwas wie Stolz auf ihre bisher mißachtete Farbe. Sie gewann Mut, noch vielen anderen Blumen zu helfen, sich wieder zu erholen und gesund zu werden. Sie war dem grauen Nebel, der sie manchmal von unten herauf grüßte, sehr dankbar: Nun konnte sie sich den ganzen Tag nützlich machen, sie hatte keine Langeweile mehr und freute sich, daß sie am Leben war.

Ab und zu ließ sie einen kleinen Tropfen auf die graue Blüte regnen, aus der nun viele Hunderte von Blüten geworden waren. Und plötzlich sah sie, daß sich die grauen Blumen aussäten in einem Beet, das genau die Form der Wolke hatte. So sah sie ihr eigenes Spiegelbild auf der Erde – und sie freute sich, daß sie so schön war.

Jetzt hatte die Farbe Rot das Wort:

Es war einmal ein Mädchen, das malte sehr gern. Und von allen Farben, die es benutzte, gefiel ihm die Farbe Rot am besten. Weil das nun seine Lieblingsfarbe geworden war, benutzte es das Rot nur sehr selten und immer nur dann, wenn es einem ihrer Bilder eine ganz besondere Wirkung verleihen wollte.
Dem Mädchen genügte aber die eigene Meinung über die Schönheit eines Bildes nicht. Auch die anderen sollten es bewundern.
Eines Tages, als es wieder einmal Lust zum Malen verspürte, setzte es sich an sein kleines Tischchen und begann, ein Feuer zu malen. Zuerst malte es verkohlte Häuser, dunkle Baumstümpfe und in großem Abstand davon stumme, staunende und verschreckte Menschen, so gut es das konnte. Und dann malte es Flammen, züngelnd und grellrot, sogar der Himmel war rot – auch er schien zu glühen.
Und als das Bild fertig war, wußte das Mädchen, daß es noch nie etwas so Schönes gemalt hatte. Das aber war ihm nicht genug, es wollte auch von anderen hören, daß dieses Bild wunderschön war. Und alle, denen es das Bild zeigte, sagten das auch. Sie meinten, so ein schönes Bild hätten sie noch nie gesehen. Und das Mädchen war sehr stolz und froh darüber.
Kurz danach brach in der Umgebung des Hauses, in dem das Mädchen mit seinen Eltern wohnte, ein Feuer aus. Und das Mädchen sah plötzlich sein Bild Wirklichkeit werden: verkohlte Häuser, dunkle Baumstümpfe und sogar die staunenden verschreckten Menschen.
Das Mädchen erschrak darüber. Wie konnte etwas, das es so schön gemalt hatte, nun schreckliche Wirklichkeit werden?

Das beschäftigte es sehr. Und das Mädchen beschloß, die Farbe Rot in seinen Bildern von nun an nicht mehr zu verwenden.
Viele Jahre später erst überwand sie die Furcht vor der Farbe Rot und beschloß, jetzt wieder einmal ein Bild zu malen, das diese Farbe enthalten sollte. Das Bild sollte lustig werden, und alle, die das Bild betrachten würden, sollten ihr das bestätigen. Sie malte einen wütenden Mann, der einem ihrer Lehrer glich. Von ihm glaubte sie, er behandele sie schlechter als die anderen Mädchen ihrer Schulklasse. Dieser Lehrer sollte zornig und grimmig auf dem Bild aussehen. Dazu war aber die Farbe Rot unerläßlich, denn wie anders sollte sie die Zornesröte und die vorquellenden Adern auf der Stirn des wütenden Mannes darstellen?
Sogar die Augen tupfte sie ein wenig rot – und als das Bild fertig war, fand sie es sehr gut. Aber das wollte sie auch von anderen hören. Und wirklich: Alle, die das Bild sahen, waren des Lobes voll, nannten es interessant und sprachen vom großen Talent einer jungen Malerin. Wieder war das Mädchen sehr froh darüber, daß es Anerkennung gefunden hatte.
Wenige Tage später aber fehlte der Lehrer, den sie da gemalt hatte, in der Schule. Man hörte, er sei krank, und mit seinem Herzen sei etwas nicht in Ordnung. Es sei sehr zweifelhaft, ob er überhaupt je wieder vor seiner Schulklasse stehen würde. Die Freude darüber, daß der Unterricht für kurze Zeit ausfiel, wich bei ihr sehr bald dem beängstigenden Gedanken, daß das irgendwie mit ihrem Bild zu tun haben könne. Und sie hoffte inständig, daß der Lehrer, der ihr so verhaßt gewesen war, bald wieder gesund werden würde. Und: Sie beschloß erneut, die Farbe Rot nicht mehr in ihren Bildern zu verwenden. Sie ver-

steckte sogar diese Farbe in ihrem Schrank; denn malen wollte sie auch künftig – nur: Die Farbe Rot sollte dabei nicht mehr vorkommen.
Sie malte also weiterhin, viele Jahre lang, auch, als sie dem Kindesalter schon entwachsen war. Nur: Sie malte ohne die Farbe Rot. Dann aber bekam sie doch wieder Lust, diese Farbe zu verwenden, die ja auch, wie sie gehört hatte, die Farbe der Liebe war.
Zu dieser Zeit war sie mit einem jungen Mann befreundet, mit dem sie sich gern unterhielt, den sie gern ansah und den sie sich herbeisehnte, wenn sie allein war. Und als sie wieder einmal an ihn dachte, begann sie zu malen. Einen Sonnenaufgang hatte sie im Sinn, und dazu brauchte sie die Farbe Rot, die sie aus dem Schrank wieder hervorholte.
Es wurde ein wunderschönes, warmes Bild – aber sie zeigte es niemandem. Sie wollte nun nicht mehr, daß andere es begutachten sollten. Ihr eigenes Urteil war ihr jetzt genug. Ja, sie hatte sogar ein wenig Angst, ein Betrachter könne erkennen, daß sie sich beim Malen nach ihrem Freund gesehnt hatte. Sie versteckte das Bild in ihrem Schrank, da, wo die Farbe Rot so lange gelegen hatte.
Als nun ihr Freund einmal bei ihr zu Besuch war, bat sie ihn, ihr etwas zu holen. Und bei der Suche danach entdeckte der junge Mann das Bild. Er nahm es in die Hand, betrachtete es stumm, blickte dann auf seine Freundin und fragte: „Hast Du das gemalt?“ Sie nickte und wurde dabei rot – so rot wie die aufgehende Sonne auf ihrem Bild. Und sie stellte die Frage nicht, die ihr auf den Lippen lag, wie ihm denn das Bild gefalle. Sie saß da und wartete, nicht auf Anerkennung – sie wartete eher auf Trost.

Da lächelte der Freund, ging auf sie zu und gab ihr einen ganz lieben Kuß.
Es war dann nicht der einzige Kuß, den sie in ihrem Leben bekommen sollte. Aber: Es war wohl der schönste.

Und dann kam die Geschichte der Farbe Dunkelblau:

Es war einmal ein Tag, der war wie jeder andere: Die Sonne schien – ein paar Wolken zogen gemächlich ihre Bahn, der Wind war ein bißchen müde von den Anstrengungen des letzten Sturmes, und die Nacht schlief. Sie hatte sich in ihr schönes, dunkelblaues Gewand gehüllt, das mit vielen silbernen und goldenen kleinen Sternen besetzt war. Und wie sie da so schlief, hätte man denken können, sie sei eine Königin. Da hatte der allzeit mutwillige und freche Wind einen seiner plötzlichen Einfälle. Er blies einfach das schöne Gewand der Nacht fort. Er blies es so weit weg, daß man es nicht mehr sehen konnte. Darüber freute er sich diebisch. Er legte sich in der Nähe auf die Lauer, um zu sehen, was nun geschehen würde.

Es begann damit, daß der Abend, als er kam, um die Nacht zu wecken, einen entsetzlichen Schreck bekam, denn er sah, daß die Nacht kein dunkelblaues Gewand hatte, und ohne diesen Umhang konnte sie gar nicht am Himmel erscheinen. Die Nacht sah es auch, als sie erwachte. Aber sie sagte nichts. Sie blieb ganz ruhig sitzen. Sie nahm einen kleinen Stern zwischen ihre sanften Hände – dieser Stern war von ihrem Gewand gefallen, als der Wind es fortgeweht hatte. Die Nacht wärmte sich an dem Licht des Sternchens, denn es wurde kalt. Schnell war die Nachricht vom Verschwinden des blauen Mantels allen im Himmel bekannt. Die Sonne mußte helfen und schien, solange es nur ging, aber dann mußte sie doch untergehen. Sie weckte noch schnell den Mond, der eigentlich heute seinen Ruhetag hatte. Aber er war sofort bereit, der Nacht Gutes zu tun. Er putzte sich blitzeblank und ging auf seinen Weg. Er schien so hell, daß der Himmel fast hellblau wurde und man die Sterne nicht vermißte. Langsam aber wurde er müde, und er fürchtete, daß er es nicht mehr lange aushalten könne, so hell zu strahlen. Sein Gesicht verzerrte sich vor Anstrengung, und die Menschen auf der Erde schauten bang zum Himmel, denn sie erkannten wohl, daß da irgend etwas nicht in Ordnung war.

Die Nacht aber saß immer noch hinter einer Wolke, sie hatte die Augen niedergeschlagen, und man sah ihr keine Trauer an. Aber in ihrem Herzen war sie sehr unglücklich. Sie schickte auch das kleine Sternchen weg, das als heller Komet einen Augenblick aufleuchtete und dann verschwand.

Der Wind war sehr enttäuscht. Er hatte gehofft, daß die stolze Nacht nun endlich auch einmal böse werden würde, wie so viele andere Mächte des Himmels, denen der Wind schon einen Schabernack gespielt hatte. Aber die Nacht blieb sanft und ruhig wie immer.

Die Sonne war es, die nun langsam böse wurde. Sie wollte endlich schlafen, und konnte es nicht, weil sie sich um die Nacht sorgte. Sie überdachte, wer wohl den blauen Mantel habe verschwinden lassen. Da sah sie den Wind hinter der Nacht stehen und sie beobachten – und an der hämischen Miene des Windes wurde ihr der ganze Sachverhalt klar. Im Nu wußte die Sonne alles. Und sie sah den blauen Mantel hinter dem Horizont liegen, dort, wohin der Wind ihn verweht hatte.

Da sandte die Sonne einen einzigen, ganz starken Strahl dorthin, wo der Wind stand. Der Sonnenstrahl zwickte den überraschten Wind so, daß er vor Schmerz lossauste, und die Sonne lenkte ihn mit dem Strahl so, daß der Wind sich in dem weitab liegenden dunkelblauen Mantel verfing. Und sie zwackte den frechen Wind immer noch, so daß er wieder

zurückstolpern mußte, bis er, ganz außer Atem, genau vor der Nacht zum Stehen kam.
Da stand die Nacht auf, legte sich ihren schönen, langen dunkelblauen Mantel um und winkte dem Mond dankbar zu. Den Wind beachtete sie gar nicht. Sie griff sich mit zarter Hand das kleine Sternchen, das sie zuvor gewärmt hatte, legte es auf ihren Mantel, und dann trat sie, schön wie immer, an den Himmel. Keiner erkannte, daß sie sich verändert hatte, keiner sah ihr Schmerz oder Enttäuschung an – sie war genauso sanft und ruhig, genauso gütig wie immer.
Nur wer ihr Kommen alle Abende beobachtet hatte, der bemerkte, daß der blaue Mantel ihr heute vielleicht noch schöner stand als sonst.

Darauf sprach die Farbe Weiß:

Es war einmal ein Regentropfen, der wohnte in einer Wolke, gemeinsam mit vielen seiner Brüder. Dieser Regentropfen aber war etwas Besonderes. Er wünschte sich, mehr zu erleben als die anderen. Deshalb drängelte er sich immer nach vorn, wenn die Wolke sagte, daß wieder ein paar von ihnen zur Erde dürften. Aber jedesmal war es so: Die Wolke sah ihn, und plötzlich hieß es, es sei genug Regen gefallen, und der vorwitzige Tropfen mußte dort bleiben, wo er war.

Er hatte, da er sich immer nahe dem Rande der Wolke aufhielt, viel von der Erde gesehen, und er hatte eine große Sehnsucht nach ihr. Manche Regentropfen übrigens kamen wieder nach oben, in anderer Gestalt und oft sehr schmutzig. Und sie erzählten, daß es ganz sonderbar auf der Erde sei. Man habe dort große Felder aus Wasser, das seien die Ozeane, und man habe riesige Tropfen aus Sand und Steinen, das seien die großen Erdteile.

Der Regentropfen wurde furchtbar neugierig, als er das alles hörte. Einmal sah er, daß die Erde ganz weiß war – aber er konnte nicht lange da bleiben und gucken, denn es war sehr kalt. Kein Regentropfen kam von dieser weißen Erde zurück und der neugierige Tropfen wußte nicht, warum.

Da rief die Wolke eines Tages alle Regentropfen zusammen und sagte ihnen, daß am nächsten Tage viele von ihnen zur Erde müßten. Dort wäre aber Winter, und sie würden unterwegs zu Schneeflocken gefrieren, ganz weiß würden sie aussehen und wie kleine Sterne. Aber sie würden auf der Erde bald vergehen müssen, vielleicht schon ehe sie den Boden erreicht hätten, denn dem Schnee ginge es auf der Erde sehr schlecht. Der kleine Tropfen hörte nur, daß er ganz weiß werden könne und daß er aussehen werde wie ein Stern. Und das wollte er.

So bat er die Wolke, ihn als allerersten hinunterzuschicken. Die Wolke sah ihn ein wenig traurig an und fragte ihn, ob er auch wisse, daß damit sein Leben zu Ende sei. Aber der Regentropfen wollte lieber ein kurzes und schönes Leben haben als ein Leben wie alle anderen.
Da sandte ihn die Wolke auf die Erde. Er sah alles unter sich ganz weiß, obwohl er zu Anfang sehr schnell fiel, wie ein richtiger Tropfen. Aber dann wurde es kalt, und er wurde zu einer großen, wunderschönen Schneeflocke. Er betrachtete sich: Wirklich – er war ganz weiß, und er sah aus wie ein Stern. Nun konnte er nur noch langsam fliegen, er trudelte ganz allein durch die Luft auf die Erde zu. Mal schaute er hierhin, mal dorthin – er wußte, daß er bald sterben müsse, aber er fand das schon diese wunderbare Reise wert.
Er sah unter sich Straßen und Häuser und Berge und Seen – alles war weiß, genau wie er selbst. Und er erkannte nun auch kleine Wesen mit Pudelmützen und in bunten Anzügen. Sie warfen sich weiße Kugeln zu, purzelten im Schnee umher und bauten ähnliche Wesen aus weißem Schnee – und das taten sie, während sie ganz hell und laut lachten, so lange, bis sie selbst ganz weiß waren.
Da freute sich die Schneeflocke, die früher ein dummer kleiner Regentropfen gewesen war, daß sie das alles sehen konnte. Und dann landete sie direkt auf der Nase eines dieser Kinder, die da spielten. Dort schmolz sie, und ihr letzter Gedanke war, daß es gewiß keinen schöneren Tod für einen Regentropfen geben könne, als langsam auf der Nase eines lachenden Kindes zu vergehen.

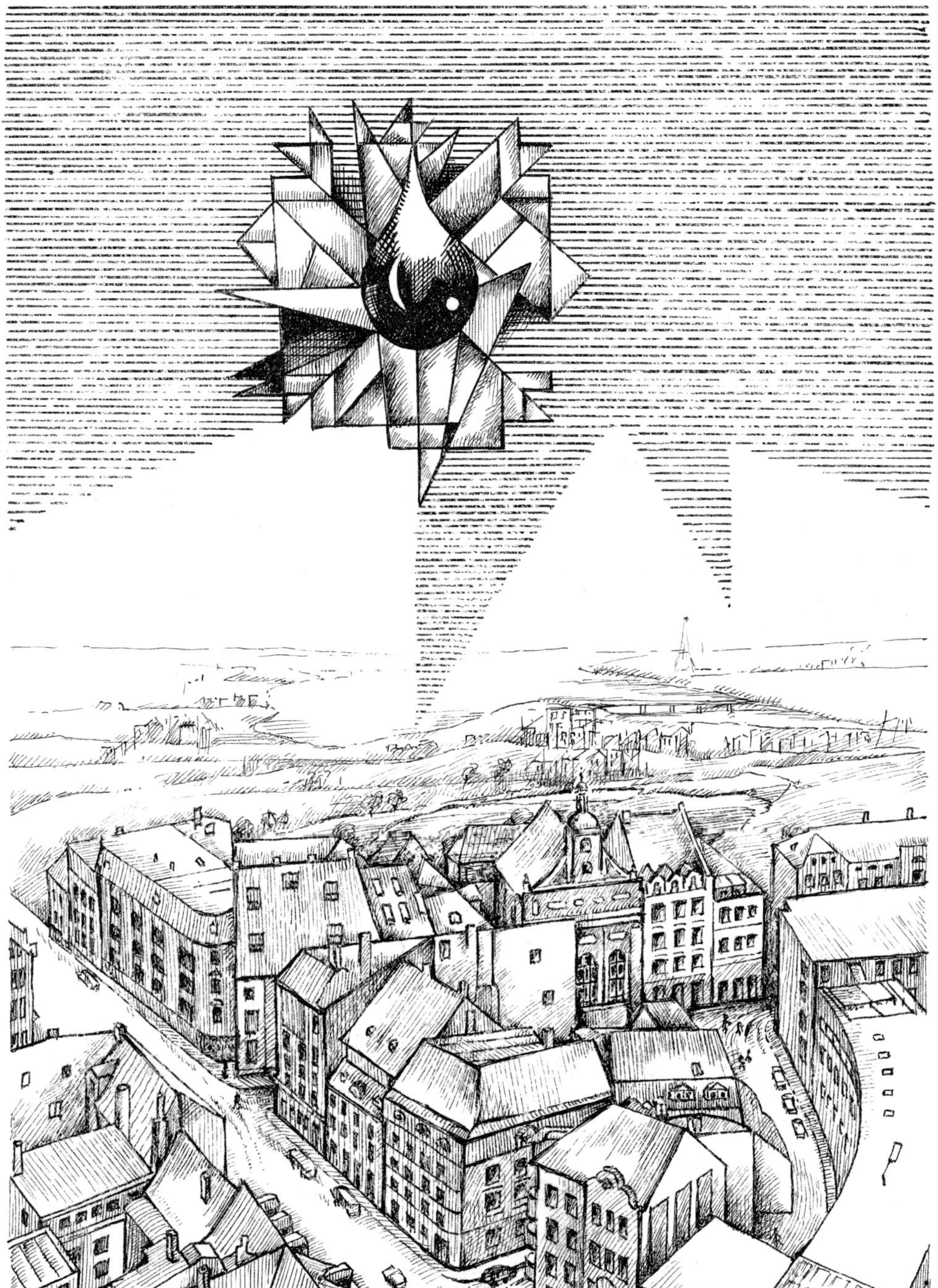

Nun erzählte die Farbe Grün:

Es war einmal ein kleines Mädchen, dessen Eltern ihm gaben, was es nötig hatte. Es war immer leckeres Essen da, im Schrank hingen schöne Kleider, und auf einem Bord standen viele feste Schuhe.

Unter diesen Paaren war eines, das war grün. Es sah eigentlich nicht anders aus, als Schuhe das eben tun, nur: es war grün, so grün wie eine Wiese oder wie ein Laubfrosch. Mit diesen Schuhen aber hatte es seine Bewandtnis, denn die Schuhe konnten von selbst laufen. Manchmal spielten sie mit dem kleinen Mädchen. Dann versteckten sie sich ganz weit unter dem Bett, und das Mädchen mußte sie suchen. Die Schuhe knarrten vor Freude über das lustige Spiel, und daran erkannte das Mädchen endlich, wo sie standen.

Oder die Schuhe liefen des Morgens ganz von selbst vom Bord zu dem Mädchen, das noch gar nicht erwacht war, kletterten mühsam auf das Bett, krochen unter die Decke und zogen sich ganz von selbst dem Mädchen an. Als es dann die Augen aufschlug, hatte es plötzlich die grünen Schuhe an – und da mußte das Mädchen laut lachen, daß es mit den grünen Schuhen im Bett gelegen hatte! Es war jedenfalls sehr lustig, wenn die Schuhe und das Mädchen miteinander spielten, und keinem von beiden wurde es je langweilig.

Einmal wurden die Schuhe aus Versehen von einem anderen Mädchen, das zu Besuch gekommen war, vor der Abreise in den Koffer gepackt. Aber die grünen Schuhe machten sich nichts draus. Als der Koffer in einer anderen Stadt aufgemacht wurde, stiegen die Schuhe schnell heraus, und dann trippelten sie den ganzen Weg zurück.

Das Mädchen hatte seine laufenden Schuhe schon vermißt und überall gesucht. Nirgends hörte es das Knarren, und nie-

mand konnte sagen, wo sich die grünen Schuhe versteckt hatten. Da kamen sie plötzlich zur Tür hereinspaziert, müde und krank an den Sohlen, denn es war ein langer Weg gewesen. Das Mädchen brachte sie zum Schuhmacher und sah zu, wie der eine neue Sohle daruntersetzte. Nun waren die Schuhe wieder heil, und das Mädchen konnte weiter mit ihnen spielen.
Eines Tages aber ging das Mädchen spazieren. Es hatte die grünen Schuhe an und lief durch grüne Wiesen und freute sich, daß die Welt so schön war. Es wußte aber nicht, daß auf der Wiese Schlangen lagen, die ganz scharfe, giftige Zähne hatten und ein kleines Mädchen mit einem Biß töten konnten. Die grünen Schuhe sahen zuerst die böse Schlange, wie sie sich im Gras lautlos auf das Mädchen zubewegte.
Da versuchten die grünen Schuhe, das Mädchen zum Weglaufen zu bringen, aber das konnten sie nicht. Sie konnten wohl allein laufen, aber mit den Füßen des Mädchens darin war das unmöglich. Da knarrten die Schuhe, aber das Mädchen achtete nicht darauf. Die Schlange war schon ganz nahe, und als sie jetzt zubeißen wollte in das Bein des Mädchens, da nahm der grüne Schuh alle seine Kraft zusammen, er hob sich ganz hoch – und der Giftzahn der Schlange drang nicht in das Bein des Mädchens, wohl aber in den Schuh. Das tat ihm sehr weh, so daß er fast die Besinnung verlor, aber er schaffte es dennoch, schnell wieder auf den Boden zu treten, genau auf den Kopf der Schlange. Und damit tötete er sie.
Das Mädchen sah nun erst, was das alles zu bedeuten hatte. Die grünen Schuhe hatten ihm das Leben gerettet. Und das Mädchen sah auch, daß die Schlange den Schuhen sehr weh getan hatte.

Zuhause starben die grünen Schuhe dann, und das Mädchen war sehr traurig darüber. Es hatte nie wieder so schöne Schuhe wie diese. Und so lange es lebte, dachte es voll Dankbarkeit an die schönen grünen Schuhe, die der Schlange den Kopf zertreten hatten.

Und so begann die Farbe Gelb:

Es war einmal eine Frau, die hatte vier Kinder, und alle ihre Kinder besaßen schwarzes Haar. Die Mutter war zufrieden damit, aber manchmal wünschte sie sich insgeheim doch ein Kind mit blonden Haaren – so blond wie die gelben Halme des reifen Kornfeldes.

Ihr Mann spürte ihren Wunsch. Er sagte, sie solle nicht traurig sein, und jedes Kind sei gerade so recht, wie es geboren werde. Man dürfe nicht unzufrieden, man dürfe schon gar nicht neidisch sein, auch nicht auf andere, die Kinder mit blondem Haar hatten.

Die Frau hörte das, und sie wollte ihren Wunsch vergessen. Aber als sie wieder ein Kind erwartete, da krampfte sich ihr Herz zusammen, wenn sie andere, blonde Kinder sah. Denn sie dachte, daß ihr Kind gewiß wieder schwarzes Haar haben werde.

Sie wurde mürrisch, und sie erregte sich schnell. Ihr Mann sah mit Schrecken, daß sie ganz vom Neid ergriffen war und mit ihrem Los zu hadern begann. Er konnte nichts daran ändern, aber er wurde sehr traurig.

Der Neid jedoch vergiftete seine Frau, und sie wurde sehr krank. Die Ärzte meinten, es sei Gelbsucht, und tatsächlich wurde die Frau auch im Gesicht, in den Augen besonders, und an der Haut ganz gelb.

Auch ihre Kinder sahen das mit Schrecken. Sie hatten Angst, daß ihre Mutter sterben müsse. Der Mann aber fürchtete auch für das Kind, das in der Mutter noch schlief, noch mehr aber bangte er um seine Frau, die er sehr liebte.

Als die Krankheit auf dem Höhepunkt war und die Ärzte rieten, man solle Tag und Nacht am Bett der Kranken wachen, entschloß sich der Mann, die Wache zu übernehmen.

Seine Frau wälzte sich in schmerzvollem Fieber, und der Mann tupfte ihr behutsam den kalten Schweiß von der heißen Stirn. Plötzlich aber sagte die Frau, sie werde nie wieder etwas wünschen, was ungerecht sei, und der Neid würde ihr nie wieder etwas anhaben können. Sie sei zufrieden mit dem, was sie habe, sie liebe all ihre Kinder mit den schwarzen Haaren, und sie liebe vor allem ihren Mann. Sie sei traurig, daß sie ihm so viel Kummer bereitet habe, besonders in der letzten Zeit. Der Mann aber sagte nichts, sondern er hielt ganz ruhig die Hand seiner kranken Frau. Und er lächelte dabei.
Am nächsten Morgen kamen die Ärzte wieder, und nun machten sie ein frohes Gesicht. Die Krankheit habe den Körper verlassen, sagten sie, und nun bedürfe es nur noch der Schonung und der Ruhe, und dann werde die Frau bald wieder ganz gesund sein. Alle freuten sich darüber, am meisten aber die Frau selbst, denn sie wußte nun, daß sie den Neid aus ihrem Herzen verbannt hatte.
Ein paar Wochen später gebar sie ein Kind, und das Kind bekam ganz helles blondes Haar. Es wuchs heran, und wenn es durch die Felder ging, dann sah man seinen Kopf gar nicht, denn er war genauso gelb wie die Halme des Korns. Und wenn die Sonnenstrahlen sich in den Haaren verfingen, dann leuchtete der Scheitel des Kindes wider. Und man hätte denken können, die Haare des Kindes seien eine kleine Sonne für sich – so blond, so gelb und so golden glitzerte es auf dem Kopf des Kindes.

Den Abschluß bildete die Farbe Schwarz:

Es war einmal ein Schatten, der ging einsam durch die Welt. Er war ganz schwarz, und wo er auftauchte, fürchtete man sich vor ihm. Die Menschen schlossen sich in ihre Häuser ein, die Kinder krochen unter die Betten, die Tiere versteckten sich in den Wäldern, und die Blumen schlossen schnell ihre Blüten, damit der Schatten ihnen nichts anhaben könne. Keiner sprach je mit dem Schatten, keiner wußte, woher er kam und wohin er ging. Er hatte die Form eines Menschen, aber es war ein gebeugter Mensch. Er mußte viel gelitten haben.
Keiner wußte, daß der Schatten der Friede war – denn alle dachten, es sei der Tod. Der Friede hatte einstmals in allen Menschen wohnen wollen, aber die Menschen waren bang, daß sie ihn nur gewinnen würden, wenn auch der Tod zu ihnen käme.
Ruhelos ging der Friede durch die Welt. Er ging zum Schlaf und dachte, daß er dort bleiben könne. Aber der Schlaf hatte schon den Traum bei sich. Er konnte den Frieden nicht brauchen.
Es blieb dem Schatten keine andere Wahl, er mußte zum Tod gehen. Schwarz und langsam wanderte er über die Welt. Keiner wollte ihn ansehen, keiner erkannte ihn, und keiner vermochte ihn zu verstehen.
Auf dem Weg zum Tod aber traf er die Liebe. Und sie war die einzige, die ihm etwas Gutes tun wollte. Sie sprach mit dem Schatten, und sie deckte ihn mit sich selbst zu, als er sich hingelegt hatte, um von seiner langen Wanderung auszuruhen. In dieser Stunde erzählte der Friede, daß er keine Wohnung habe und daß er nur einen Ausweg wisse – den zum Tod.
Die Liebe aber sagte ihm, er solle nicht zum Tod gehen. Er solle bei ihr bleiben, sie habe ihn sehr nötig, und sie beide

wollten über die Welt gehen und sie besser machen. So ging nun die helle Liebe, gefolgt von dem dunklen Frieden durch die Welt. Und wo sie die Menschen trafen, da berührten sie diese Wesen, und plötzlich zog Ruhe in das menschliche Herz. Jeder versuchte, dem anderen so viel Gutes wie möglich zu tun – denn die Liebe und der Friede regierten von nun an das Tun aller Menschen auf Erden.
Der Schatten war zum erstenmal froh, daß er schwarz war, denn so paßte er gut zu der hellen Liebe. Beide hörten nicht auf, über die Erde zu wandern und die Menschen anzurühren und zu verwandeln – und wenn sie nicht gestorben sind, dann leben sie heute noch.

So schloß die Farbe Schwarz ihre Geschichte.
Das menschliche Ohr ließ noch einmal diese beiden Worte in sich nachklingen: Friede und Liebe. Und die anderen Farben dachten auch: Friede und Liebe – wie schön das klang.

Plötzlich war der ganze Streit der Farben vergessen. Sie wußten nun, daß keine Farbe die schönste war, daß keine über der anderen stand – daß sie alle an ihrem Platz gleich gut und gleich notwendig waren.
Und sie wußten auch, daß sie dann am schönsten aussahen, wenn sie sich gegenseitig gelten ließen, wenn sie alle miteinander in Einklang waren.
Da sagte das menschliche Ohr: „Ich habe alle Farben gehört – ich wußte nicht, daß sie so schöne Geschichten erzählen können."
Und die menschliche Hand sprach: „Ich habe nun so viele Farben gehört, daß ich sie auch fühlen kann."
Und die Nase sagte: „Auch ich spüre nun das Wesen jeder Farbe."
Und der Mund fügte hinzu: „Und ich schmecke sie."
Da sagte das Auge: „Seht Ihr, wenn wir uns kennenlernen, lernen wir uns auch verstehen. Und dann sehen wir, daß jeder von uns seinen Wert hat. Jeder ist anders – keiner ist besser als der andere – aber alle können wir gut und nützlich und schön sein."
Die Farben nickten mit dem Kopf und freuten sich, daß sie wieder in Eintracht miteinander waren.
Da kam die Sonne und sagte, daß sie nun die letzten Strahlen des Tages auf die Erde hinunterschicke, und wenn der Mensch zurückwolle, dann müsse er jetzt mitfahren.
Da dankte der Mensch den Farben für ihre wunderschönen Geschichten, und dann machte er sich auf den Weg. Die Farben aber bauten ihm eine Brücke, auf der er entlanggehen konnte. Und in dieser Regenbogenbrücke waren alle Farben, die es gab, vereint.

Da freuten sich alle Wesen dieser Erde über die Eintracht der Farben. Und die Farben selbst sahen zum erstenmal, wie schön sie waren, wenn sie sich zusammentaten.
Die Sonne aber schmunzelte, ehe sie unterging. Sie konnte nun beruhigt schlafen gehen. Und sie schlief so gut wie lange nicht mehr.

II.

Tiere denken nicht – aber sie sprechen

Zur Einführung

Es gibt Dinge, die man nicht sagen kann.
Einmal: Weil es niemand glauben wird; denn es wäre etwas Wahres. Und: Weil es jeder weiß; es wäre also etwas Alltägliches.
Manches jedoch muß man sagen, auch wenn es niemand glaubt und auch wenn es jeder weiß. Man muß es sagen, auch wenn es Ärger bringt.
So etwas sagt man aber besser nicht selbst. Man läßt das andere tun – zum Beispiel: Tiere.
Tiere reden eine für uns schwerverständliche Sprache. Man kann viel in sie hineindenken – sie selbst scheinen nicht zu denken. Aber sie sprechen. Man begreift den Sinn ihrer Laute nur nicht sofort. Vieles wird von ihnen nicht klar ausgesprochen – es schwingt nur mit.
Wenn man es aber begriffen hat, muß man eingestehen, daß sie sehr oft recht haben. Man muß eben das tun, was offenbar nur wir Menschen können: Zuhören und dabei denken. Einfach nur nachdenken.

Versuchen wir es mal!

„Wie schön, daß die Sonne scheint“, schnurrte die Katze und leckte sich die Pfoten sauber.
Der Fisch merkte nicht, daß die Katze sich freute; denn er mußte aufpassen, daß er die Würmer von den Angelködern unterschied. Er merkte nicht einmal, daß die Sonne schien.
„Wie ärgerlich, daß es regnet“, meinte etwas später die Katze und leckte sich das Fell trocken.
Der Fisch merkte nicht, daß die Katze sich ärgerte; denn er mußte weiterhin achtgeben, daß er die Würmer von den Angelködern unterschied.
Er merkte aber auch nicht, daß es regnete.

Die junge Ratte empörte sich: „Findest du es nicht schrecklich, daß die Menschen uns verachten, uns nach dem Leben trachten und uns sogar als Schimpfwort benutzen?"
„Gewiß", sagte die ältere Ratte, „aber wenn die Menschen nicht – auch zu unseren Gunsten – diese herrlichen Abfälle produzierten, dann müßten wir mit größeren Tieren kämpfen oder gar verhungern."
Die junge Ratte stutzte: „Ist es denn bei den Menschen und überhaupt ein so großer Unterschied zwischen dem, was man denkt, was man sagt und dem, was man schließlich tut?"
Die alte Ratte sagte nur: „Mein liebes Kind, werde erstmal erwachsen!"

„Warum sind die Birnen nur so klein und so weich?“ fragte das Ferkel, das sich eben an dem Fallobst sattgegessen hatte und nun schläfrig unter dem Birnbaum lag.
Als es eingeschlafen war, riß der Wind eine Birne, in der ein Wurm sich gütlich tat, von ihrem Zweig los.
Sie fiel dem schlafenden Ferkel direkt auf den Kopf.
Es wachte zwar auf, aber es hatte nicht einmal eine Beule abbekommen. Der Wurm in der Birne aber fraß ruhig weiter.

Zwei Ameisen trafen sich auf einer ihrer Tag und Nacht belebten Straßen. Die eine merkte, daß die andere ihr etwas sagen wollte; aber die Verständigung durch Tasten nahm viel Zeit in Anspruch.

Nach einem halben Tag hatte die eine verstanden, was die andere gemeint hatte, und man trennte sich.

Die andere hatte nur sagen wollen: „Verzeihen Sie bitte – aber ich habe augenblicklich furchtbar viel zu tun und für ein Gespräch gar keine Zeit!“

Der Fuchs brachte seinen Kindern bei, wie man Gefahren und Schwierigkeiten bei der täglichen Nahrungssuche vermeiden könne.
Und erst bei den Fragen seiner aufgeweckten Kinder wurde ihm klar, daß Schwierigkeiten zu vermeiden, selbst eine Schwierigkeit war.

„In meiner Jugend, das darf ich wohl sagen, habe ich wahnsinnig viel erlebt“, surrte die Eintagsfliege dem Elefanten ins Ohr, „ich muß Dir davon erzählen.“
Der Elefant, der vor vielen, vielen Jahren auch einmal jung gewesen war, hörte der Fliege geduldig zu. Es schien ihm, als habe er in seiner jahrelangen Jugend bei weitem nicht so viel erlebt wie die Eintagsfliege.
„Im Grunde aber“, dachte sich der Elefant, „ist Jungsein eben auch für eine Eintagsfliege verdammt schwer – genauso wie für einen Elefanten.“

„Schau mal, wie schön bunt der Papagei ist, der dort oben im Baum sitzt!" sagte die Maus mit vorwurfsvollem Unterton zu ihrem Mann.
Ihr Mann ließ sich sein Fell bunt anmalen.
Da entdeckte ihn ein Bussard, und die arme Maus hatte keinen Mann mehr. Sie weinte sehr und fand den Papagei nun gar nicht mehr so schön.
Der aber saß immer noch oben im Baum.

Zwei Käfer kämpften miteinander; denn der eine war in die Frau des anderen verliebt.
Ein Hirsch entdeckte die beiden, als er wütend die Fährte seines Nebenbuhlers verfolgte. Jener hatte ihn bei einer Hirschkuh ausgestochen. Der Hirsch lächelte spöttisch, als er die beiden kleinen Kämpfer sah, und er dachte: „Wie kann man nur so eifersüchtig sein!" Dann wurde er wieder ernst und verfolgte die Spur seines Nebenbuhlers.
Es ging, wie gesagt, um eine Hirschkuh.

„Wie schön wäre doch das Leben“, philosophierte die Maus, „wenn es keine Katzen und Raubtiere gäbe.“
Tags darauf starb sie in einer Mausefalle.

„Mein Herr riecht immer wundervoll“, sagte der Pekinese zum Schäferhund. „Ich fühle mich wohl und geborgen bei meinem Herrn“, gab der Schäferhund zurück.
„Mein Hund ist sehr zärtlich und anschmiegsam“, sagte der Herr des Pekinesen zu dem Herrn des Schäferhundes.
Der antwortete: „Mein Hund ist ein treues Tier.“

Der alte Büffel unterwies seinen noch nicht erwachsenen Sohn: „Wenn die Herde lostrabt, mußt Du immer mittendrin bleiben; Du darfst Dich nicht an den Rand oder ans Ende drängen lassen – merk Dir das!"
Der junge Büffel maulte: „Ich will aber nicht nur mitten in der Herde laufen!"
Der alte Büffel blieb geduldig: „Dann mußt Du Dich eben immer hinter mir halten, mußt immer in meine Fußstapfen treten."
Der junge Büffel scharrte trotzig mit den Hufen und sagte aufsässig: „Wer in die Fußstapfen eines anderen tritt, kann ihn nie überholen."
Da beendete der alte Büffel die Lektion.

Der Blitz sagte zu den Wolken: „Platz da – ich will hindurch!" Die Wolken waren träge und rührten sich nicht. Da schoß der Blitz, ohne ein weiteres Wort, auf die Erde hinunter. Die Tiere suchten Schutz, und die Menschen bestaunten den Blitz.
Etwas später begannen die Wolken sich grummelnd darüber auszusprechen, daß es unfein wäre, so energisch zu sein, und daß man im Interesse der Menschen und der Tiere, deren Hüter doch der Himmel sei, derart plötzliche Ruhestörungen verbieten müßte.
Die Wesen der Erde empfanden aber einzig das Grollen der Wolken als Ruhestörung. Sie warteten auf den nächsten Blitz; denn sie wollten ihn bestaunen, sie wollten ihn fürchten.

Zwei Hunde verließen an der Leine ihrer Herren eine Ausstellung moderner Kunst.

„Wozu", fragte der eine Hund verwirrt, „wozu sind diese Bilder denn nur gemalt worden? Man kann nichts darauf erkennen, und sie riechen nicht einmal gut."

Der andere Hund schüttelte voller Mißachtung über diese Worte seine lange und ein wenig zottlige Mähne; denn sein Herr war ein Maler.

„Dieses Gebäude ist schrecklich kalt“, meinte die eine Maus zur anderen und verbarg sich vor dem Zugwind hinter einem Pfeiler im Mittelschiff des Domes.
„Ja“, stimmte die andere ihr zu, „aber die Menschen kommen dennoch oft hierher. Was mag sie dazu bewegen? Gibt es hier etwas zu essen?“
„Leider nur sehr wenig“, antwortete die eine Maus und verzog bedauernd das Gesicht.
„Was ist es denn dann, was die Menschen hierher treibt?“ fragte die andere Maus eindringlich.
Da neigte sich die eine Maus zur anderen und flüsterte ihr ins Ohr: „Sie nennen es Gott und beten es an. Aber Du darfst das nicht weitersagen – denn vielleicht ist es Ihm selber nicht recht, wenn Er es erfährt.“

Der berühmte Wissenschaftler sprach vor einem erlesenen Auditorium davon, daß ein Tier „umweltgebunden" sei, während im Unterschied dazu der Mensch „frei, anpassungsfähig und weltoffen" angelegt sei.
Die Fenster des Raumes waren geschlossen, um die Geräusche der Außenwelt abzuwehren und keines dieser bedeutsamen Worte in der frisch bewegten Sommerluft verlorengehen zu lassen.
Der Saal war gefüllt mit Zuhörern. Einige schliefen, andere flüsterten miteinander; manche machten sich Notizen, weil sie hofften, das alles vielleicht später anhand des Aufgeschriebenen verstehen zu können. Alle waren sie gekommen, weil man diesen berühmten Wissenschaftler einmal im Leben gehört und gesehen haben mußte, um von einem großen Erlebnis erzählen zu können.
Die Maus saß noch immer unter dem Katheder und betrachtete belustigt die verzerrten Spiegelungen auf den schwarzen Lackschuhen des Redners. Auch die Maus verstand nichts von diesem Vortrag –
aber sie fühlte sich hier genauso wohl wie auf dem dunklen Speicher, im feuchten Keller oder in der leckeren Speisekammer.

Nach der Wahl der diesjährigen Schönheitskönigin im Reich der Tauben wurde die eben gekürte „Miß Taube“ von einer reichlich auffallend gefiederten Reporterin der „Tauben-Post“ interviewt.

„Worauf“, war die erste Frage, „worauf führen Sie Ihren Erfolg in der diesjährigen Konkurrenz zurück?“ „Auf das Schnäbeln!“ war die ebenso charmante wie unerwartete Antwort.

Die etwas ältere Reporterin der „Tauben-Post“ bemerkte mit Schrecken, daß sie selbst in dieser Beziehung wohl kaum genug getan hatte – jedenfalls unterschied sich ihr Äußeres doch recht unvorteilhaft von dem der „Miß Taube“.

Dadurch etwas unsicher geworden setzte die Reporterin das Interview mit der nächsten Frage fort: „Macht Schnäbeln denn so schön? Oder – direkt gefragt: Halten Sie so viel davon?“ „Ich nicht“, war die ehrliche Antwort, „aber die Herren von der Jury!“

Halten wir jetzt einmal kurz inne:

Der Mensch betrachtet sich als den Herrn der Schöpfung. Denn das ist vielleicht die einzige Möglichkeit, seine eher unnötige Stellung in der Natur zu begründen.
Aber der Mensch betont zu sehr den Herrn und erkennt zu selten, daß ja auch er nur ein Teil dieser Schöpfung ist. Er sucht die Rätsel der Welt in sich selbst, statt die Wirklichkeiten des Lebens rings um sich auf ihre Wahrheiten zu prüfen und sich daran zu freuen.
Kehren wir zurück zu den Tieren: Sie denken noch immer nicht, aber sie wollen weiter reden. Ihre Worte verraten keine Meditation und nicht das, was wir Menschen Intelligenz nennen. Aber sie beweisen Herzlichkeit und Güte, Lebensmut und Kampfbereitschaft, Nachsicht und Verständnis – kurz: Eigenschaften, die wir leichtsinnigerweise mit Menschlichkeit zu bezeichnen gewohnt sind.
Tiere kümmern sich nicht um die Wirkung ihrer Worte. Sie leben halt ihr Leben, so gut es geht, in ihren Familien; sie sorgen auf ihre Weise für ihren Unterhalt, und sie meiden ihre Feinde – notfalls kämpfen sie mit ihnen.
Sie wissen nichts von Ehre, Politik, durchdachter Lebensführung, nichts von Karriere oder romantischer Liebe, sie sehen nicht fern, und selbst die Lotto-Zahlen lassen sie gleichgültig. Sie träumen nicht, und sie denken nicht. Ihr Instinkt läßt sie das Natürliche tun.
Aber sie unterhalten sich, manchmal auch mit sich selbst – und wenn man genau hinhört, kann man sie vielleicht dabei belauschen.

„Es war nicht einfach, Dich zu fangen“, sagte die Katze zur Maus, die vergeblich versuchte, sich aus den Krallen des Räubers zu befreien. „Warum tust Du es dann, wenn es Dich so anstrengt?“ fragte mit letztem Atem die Maus.
Die Katze knirschte: „Weil ich muß!“

Der Elefant wollte einen umgestürzten Baumstamm wegrollen, um das nahrhafte Laub besser mit seinem Rüssel abstreifen zu können. Da sah er einen kleinen Käfer auf dem Stamm herumkrabbeln.
„He, Du!" sagte der Elefant. „Geh da runter, sonst wirst Du erdrückt, wenn ich den Stamm herumrolle."
Der Käfer krabbelte flink vom Stamm herunter ins Gras und meinte: „Ich werde Dir dabei helfen, den Baum herumzurollen. Zu zweit geht das besser."
Der Elefant wuchtete den Stamm herum und begann, das Laub abzustreifen, um sich endlich wieder einmal sattzuessen.
Der Käfer rieb, wie nach getaner Arbeit, die beiden vorderen Beine aneinander und sagte: „So, das hätten wir geschafft. Und Du hättest ruhig 'Danke!' sagen können!"
Der Elefant kaute wortlos weiter. Er war solchen Käfern schon öfter begegnet.

„Wie gut, daß ich so klein bin!“ sagte die Fliege und naschte am Speck in der gespannten Mausefalle.

Vor ihrem Flug nach Süden hatten sich die Störche zu einer Generalversammlung auf der großen Wiese neben dem von vielen Fröschen bewohnten Teich eingefunden. Ihr Anführer – und nur er durfte Adebar genannt werden – warf den Kopf in den Nacken und hub an: „Es ist unerhört, was die Menschen mit uns machen. Sie verbreiten unter den jüngeren Menschen, daß wir Störche es sind, die ihnen die kleinen Kinder bringen. Wir allein sollen daran schuld sein. Wir werden verantwortlich gemacht auch für die unwillkommenen Kinder. Das dürfen wir nicht auf uns sitzen lassen!"
Eine junge Storchenfrau wagte einen Einwurf: „Aber sehr oft, jedenfalls habe ich das so empfunden, sind die Menschen doch sehr froh über die Ankunft eines Erdenkindes."
Adebar antwortete: „Das mag so sein; aber dann machen sie nicht uns dafür verantwortlich, sondern dann beanspruchen uneingeschränkt sie die Elternrolle. Nein, wir sollten es in Zukunft ablehnen und vor unserem Abflug noch dagegen protestieren, daß man uns Störchen etwas in die Krallen schiebt, wofür wir nun wirklich nichts können!"
Da kam unerwartet aus den grauen Wolken über dem Teich ein Blitz von oben, dem sich ein dumpfes Rollen anschloß. Adebar sah ein wenig verständnislos zum Himmel auf und dann auf seinen neben ihm auf einem Bein stehenden Chefberater: „Hast Du verstanden, was der da oben gesagt hat?"
Die Antwort war: „Wenn ich es recht verstanden habe, hat Er dies gesagt: Es sei üblich, daß die Menschen anderen die Verantwortung für irgendetwas Unerwünschtes aufhalsen. Und wir sollten doch, bitte, bedenken, wofür Er seit Menschengedenken verantwortlich gemacht wird!"

„So ein Mauseleben ist wirklich nicht einfach", stöhnte die Maus.
„Aber kurz!" meinte die Katze und schnappte zu.

Eine nicht gerade ansehnliche Hummel umschwirrte bewundernd eine Sonnenblume. Die war schlank und schön, fand die Hummel, während sie selbst eher pummlig aussah. Sie hatte schon oft die Wespen wegen der schlanken Taillen bewundert, die sie nun wirklich nicht hatte. Sie mochte es überhaupt nicht, daß man sie Hummel hieß – sie hätte viel lieber einen so schönen Namen gehabt wie die Sonnenblume.

Die Hummel fragte die Sonnenblume: „Wer hat Dich so genannt und warum heißt Du so?" Die Blume wiegte sich auf ihrem hohen Stengel ein wenig kokett; denn sie freute sich über diese Frage, die ihrer Eitelkeit schmeichelte. Sie antwortete: „Weil ich der Sonne gleiche in Farbe, Form und Pracht."

Die Sonne aber hörte das nicht gern. Sie schien ein paar Tage besonders kräftig und ließ keinen einzigen Regentropfen auf die eitle Sonnenblume fallen. Die wurde ganz matt und welkte schließlich dahin.
Viel Freude hatte die Sonne nicht daran – aber die Hummel war nun doch froh, daß sie nur Hummel hieß.

„Nun ist es aus", sagte die Fliege, als sie, ohne eine Chance zur Flucht, die Hand des Jungen auf sich zuschnellen sah.

„Wieder eine gefangen!" rief der Junge und hob triumphierend die Faust, in der die zerquetschte Fliege lag.

„Halte den Mund, wenn Du siehst, daß ich arbeite!" brummte vom Schreibtisch her der heute wieder übelgelaunte Vater.

„Nimm wenigstens die Fliegenklatsche!" meinte die Mutter und sah kurz über den Brillenrand auf, ehe sie ihre Häkelarbeit fortsetzte.

„Pfui, eine tote Fliege!" sagte die Schwester und ekelte sich, nachdem sie das tote Tier eingehend betrachtet hatte; denn sie war ein zartes Mädchen.

„Wie dumm", knurrte der Hund, „es war so lustig, nach ihr zu schnappen."

„Geschieht ihr ganz recht", ächzte die Fensterscheibe, „warum kitzelte sie mich auch andauernd!"

Alle sagten etwas anderes – und doch meinten alle dieselbe Fliege.

Aber die hörte das nicht mehr, denn die war ja nun tot.

Das Faultier räkelte sich: „Warum die Menschen sich so nach Ruhe sehnen – man hat sie doch!“

Die Tiere hatten sich heimlich an einem von der Obrigkeit unbeobachteten Platz zusammengefunden. Sie schimpften auf ihren neuen König, einen eben auf den Thron gelangten Löwen.

„Er ist so herrisch", grunzte der Bär. „Er kann nicht einmal lesen", meinte die bebrillte Eule. „Und schreiben kann er auch nicht", fügte der kluge Rabe hinzu. „Er ist ein Analphabet", ließ der Affe vernehmen. „Wir leben unter dem Diktat eines Analphabeten", konstatierte der weise Elefant.

Alle waren sie wütend, und es herrschte erst wieder Stille, als der listige Luchs schließlich sagte: „Analphabeten müssen eben diktieren!"

Und dem konnte man nicht widersprechen.

„Muß man eigentlich groß werden?“ fragte der kleine Dackel seine Mutter, die müde neben ihm lag.
Sie antwortete: „Man muß nicht; man wird es einfach.“

Im Freigehege des Zoologischen Gartens sagte ein Affe zu dem anderen: „Die Menschen da draußen starren uns ständig an. Sollten wir nicht mal ein paar Kunststücke machen? Das erwarten die Zweibeiner doch von uns."
Der angesprochene Artgenosse dachte gar nicht daran, Kunststücke zu machen und meinte nur: „Sei nicht so affig!"
Und als er einen erstaunten Blick des anderen Affen erntete, fügte er hinzu: „Die Zoobesucher da draußen benehmen sich auch nicht immer menschlich!"

„Du mußt jetzt schlafen!" sagte Mutter Wolf zu ihrem Jüngsten. „Schläfst Du jetzt auch?" fragte das Wolfskind. „Nein, ich bin ja älter als Du und erwachsen", war die Antwort. „Deswegen bist Du auch immer so schnell müde, nicht wahr?" fragte ernsthaft das Kleine. „Du mußt jetzt schlafen!" sagte Mutter Wolf zu ihrem Jüngsten.
Sie gähnte, und davon wurde ihr Kind so müde, daß es sehr bald einschlief.

Die Maus, die vor dem Einschlafen im Bett noch die Zeitung las, stieß ihren Mäusemann an: „Nun hör doch mal, was hier steht: Die Menschen haben die Atombombe erfunden! Nun können sie sich damit selbst vernichten – verstehst Du das?“
„Nein“ brummelte der Mäusemann, der inständig hoffte, daß seine Frau nun endlich mit dem Rascheln der Zeitungsseiten aufhören würde.
Aber die Maus ließ nicht locker; sie stieß ihren Mann erneut an und fragte: „Nun sag doch mal: Wärest Du denn auf die Idee gekommen, die Mausefalle zu erfinden?“

Eine Gans fragte die andere: „Was möchtest Du lieber sein nach Deinem Tode: Braten oder Federn?"
Die andere hielt nichts von metaphysischen Gesprächen. Sie antwortete unbekümmert: „Gans!" und watschelte davon.
Man darf vermuten, daß sie keine Ahnung von Orthographie hatte.

Die Elefantenmutter zog die hohe Stirn kraus: Ihr Jüngster hatte sich den Töchtern der Nachbarfamilie zugesellt und war eben dabei, sich am Hinterteil eines bildhübschen Elefantenmädchens zu schubbern.
Die Elefantenmutter stieß mit ihrem Rüssel ihren äsenden Mann an und sagte: „Ich glaube, der Junge wird erwachsen."
Der Vater des jungen Elefanten brummelte ungerührt: „Hoffentlich macht er nicht denselben Fehler wie ich und heiratet zu früh!" Die Elefantenmutter stutzte. Dann glätteten sich die Stirnfalten und sie bekam strahlende Augen, als sie sagte: „Ich hoffe doch!"

Der junge Hahn wurde von seiner Mutter, einer schon etwas älteren Henne, zur Rede gestellt: „Du kannst Dir nicht wahllos eine Partnerin beschaffen – auch ein Hahn muß sich beherrschen können. Alles andere ist unmoralisch!"
Der junge Hahn blickte schuldbewußt auf ein vor ihm liegendes Korn, schielte aber dabei auf die junge Henne, die etwas entfernt von ihm auf dem Hühnerhof stand. Sie schien gedankenverloren nach Körnern zu picken, bemerkte den sehnsüchtigen Blick des jungen Hahnes aber doch.
Der Vater des jungen Hahnes hatte die Standpauke der älteren Henne mit angehört. Er war ganz und gar nicht damit einverstanden. Seiner Jugend eingedenk krähte er nun der Henne zu: „Selbstbeherrschung ist die Mutter vieler Versäumnisse!"
Und als die Henne noch über diesen Satz nachdachte, fügte der Hahn hinzu: „Und Unmoral ist nur die Moral derjenigen, die sich besser amüsieren!"

Der kleine Esel kam beim Buchstabieren noch immer nicht über das „I“ und das „A“ hinaus.
Er resignierte schließlich und sagte betrübt: „Ich glaube, ich bin als Esel dafür einfach zu dumm!“
Seine Mutter wies ihn zurecht: „Halte Dich nicht für dumm – überlaß das, bitte, den anderen!“

„Mutter“, bat das junge Mausemädchen, „laß mich doch mit dem jungen netten Mäuserich zusammensein!“
Die Mutter knabberte ungerührt an ihrer Speckschwarte: „Aber Du hast ihn doch erst einmal gesehen!“
„Das ist es doch gerade“, piepste das Mausemädchen, „es ist eben Liebe auf den ersten Blick! Und er hat mich so schön geküßt!“
Die Mutter sah nur kurz von der Speckschwarte auf und sagte streng: „Gegen Liebe auf den ersten Blick hilft fast immer der zweite! Und Küsse, mein Kind, Küsse sind oft nichts anderes als reine Lippenbekenntnisse!“

„Steh endlich auf", sagte die Bärin zu ihrem Mann, „und wasch Dich – Du siehst ja richtig zerknittert aus!"
Der Bär reckte sich und antwortete: „Wer morgens zerknittert ist, der hat tagsüber viele Entfaltungs-Möglichkeiten!"

„Haben Sie schon Abschied genommen?“ fragte ein Blatt das andere, kurz bevor der Herbststurm über das Land fallen sollte.
„Ja“, antwortete das andere Blatt.
„Und“, fragte das eine wiederum, „Sie sind gar nicht traurig?“
Das andere Blatt lächelte: „Ich weiß, daß ein neuer Frühling kommen wird, und ich freue mich, daß andere Blätter ihn erleben werden.“
Da schüttelte sich das eine Blatt vor Entsetzen über diese Gefühlskälte. Es schüttelte sich jedoch so sehr, daß es vom Baum herunterfiel – schwer, mutlos und träge.
Bald darauf kam der Herbststurm und riß auch das andere, inzwischen von der Herbstsonne vergoldete Blatt von seinem Zweig los. Es flog, vom Winde getragen, weit durch die Luft und sah unter sich noch einmal die ganze Erde liegen.

Die Ameise hatte keine Lust mehr, immer nur niedere Arbeiten zu tun und ständig für die anderen dazusein. Sie beschwerte sich.
Die Antwort, die sie von der Obrigkeit bekam, lautete, knapp zusammengefaßt: „Wir sind ein Volk, und das hat in der Demokratie die Macht. Und Du gehörst auch zum Volk!"
Sie mußte also weiterarbeiten. Aber sie dachte: „Die Macht geht vom Volke aus, das mag ja richtig sein. Aber die Macht kehrt nie mehr dahin zurück."

„Was ist das: die Sonne?“ fragte der Maulwurf die Maus.
Die Maus antwortete voller Bedauern: „Es muß schrecklich sein, blind leben zu müssen!“
„Warum?“ fragte der Maulwurf. „Unsereins weiß es doch nicht besser.“

„Ist man mit guten Manieren glücklich?“ fragte der junge Pudel seinen Vater. „Nein, eher unglücklich“, brummelte der Vater. „Kann man mit guten Manieren mehr essen?“ „Auch das nicht“, winkte Vater Pudel ab. „Im Gegenteil: Man muß weniger essen und auch mit weniger Gutem zufrieden sein.“ „Kann man mit guten Manieren etwas verdienen?“ „Auf eine würdige und anständige Weise nicht“, meinte der alte Pudel. „Kann man seinen Besitz oder seine Familie mit guten Manieren sicherer schützen?“ „In dieser hinterhältigen Welt nicht“, gab der Vater zurück. „Ja“, fragte endlich der junge Pudel, „wozu lerne ich dann bei Euch gute Manieren? Sie machen mir nämlich nicht einmal Spaß. Warum legt Ihr so großen Wert darauf?“ Der Vater wußte keine Antwort, aber Mutter Pudel schaltete sich nun ein. Sie sagte: „Es gehört sich eben so!“ Aha, dachte der junge Pudel, es gehört sich eben so – dagegen gab es nichts zu sagen.
Und so bemühte er sich weiterhin, ein Pudel mit anständigen Manieren zu werden.

„Meine Frau kann nicht mehr!" jammerte einer der ältesten und angesehensten Störche.
Aber die Schar, die nach Süden strebte, konnte ihren Flug nicht unterbrechen. Die alte Störchin mußte zurückbleiben.
„Ich kann nicht mehr!" schluchzte die junge, bildhübsche Tochter eines mittelmäßig intelligenten Storches, den kaum jemand kannte. Seine Tochter allerdings hatte schon viele begehrliche Blicke auf sich gezogen.
„Wir machen Rast!" entschloß sich sofort die Schar und landete auf einer Wiese.

Machen wir mal eine kurze Pause:

Mancher, der diese Tiergespräche belauscht hat, wird sich fragen: Wo bleibt denn nun der „tierische Ernst", jenes Attribut, das wir doch sprichwörtlich dem Tier entlehnt haben, um es auf eine für den Menschen unliebsame Weise anzuwenden.
Nach den bisher belauschten Gesprächen müssen auch wir wohl zugeben, daß wir den Tieren manchmal Unrecht tun; denn „tierischen Ernst" vermissen auch wir.
Aber vielleicht gibt es den bei den Tieren gar nicht – vielleicht nur bei den Menschen!
Überlegen wir doch einmal: Tiere denken nicht, aber sie sprechen. Kann man denn tierisch ernst sein, ohne zu denken? Man möchte es bezweifeln.
Liegt es also am Denken, wenn wir Menschen tierisch ernst werden? Sollte man dann besser überhaupt nicht denken – und nur reden? Man möchte auch das bezweifeln, obwohl es vielerorts üblich zu sein scheint.
Wenn jetzt aber jemand fragt: „Sie, der Sie die Tiere belauscht haben, nun mal raus mit der Sprache: Woher nehmen Sie die Gewißheit, die Tiere richtig verstanden zu haben? Sie sind doch auch nur ein Mensch!"
Wenn mich das jemand fragt, dann bitte ich ihn, nicht weiter zuzuhören; denn für ihn sprechen die Tiere wohl wirklich nicht. Für ihn sprechen aber auch die Menschen nicht. Für ihn spricht nicht einmal er selbst.
Die anderen aber sollten vielleicht doch weiter zuhören.

„Hör mir mal zu“, sagte die eine Mücke zur anderen, „ich muß Dir etwas furchtbar Wichtiges erzählen!“
Die andere war mißtrauisch; denn sie kannte diese Einleitung schon und wußte aus Erfahrung, daß „furchtbar Wichtiges“ der einen Mücke nicht unbedingt „furchtbar Wichtiges“ auch für die andere Mücke bedeuten mußte.
Sie fragte also: „Genügt es denn nicht, wenn Du Dir zuhörst?“
„Aber“, antwortete die eine Mücke, „das ist doch langweilig!“
„Eben drum!“ meinte die andere und schwirrte davon.

Der Hahn übersah die Schar seiner Hühner von einer Gartenbank aus, auf der jeden Abend sonst zwei Menschen saßen und der untergehenden Sonne zusahen.
Der Hahn sagte: „Was haben es die Menschen doch schlecht, immer mit ein und demselben ihrer Artgenossen beisammensein zu müssen – das ganze Leben lang!“ Er krähte und sprang von der Bank herunter auf die Erde –
es war dieselbe Gartenbank, auf der jeden Abend sonst zwei Menschen saßen und der untergehenden Sonne zusahen.

„Du hast eine verdammt schlechte Erziehung!" sagte das Schaf zu dem Wolf, der sich daran machte, es aufzufressen.
„Aber: Einen guten Geschmack!" sagte der Wolf aus vorerst mit Wolle gespeistem vollem Mund.
Und dem wollte das Schaf nicht widersprechen – selbst wenn es dazu noch Gelegenheit gehabt hätte.

Das kleine Samenkorn wurde auf die Autostraße geweht und lag nun in einer schmalen, nicht eben tiefen Erdritze zwischen zwei großen Betonklötzen.
Es überlegte, ob es sich denn lohne, die zarten Keimlinge in das bißchen Erde zu stecken, das sich ihnen darbot; denn die Straße war sehr befahren.
Aber die Keimlinge drängten. Darum dachte das Samenkorn: „Es ist besser, überfahren zu werden, als überhaupt nicht gelebt zu haben."

„Wenn ich mal Kinder haben werde, dann sollen sie immer bei mir trinken dürfen, wann sie auch mögen!“ dachte sich das Fohlen, als seine Mutter, ärgerlich über ihr unersättliches Kind, von ihm fortlief.
Als das Fohlen eine Stute geworden war, sagte ihr durstiges Kind zu ihr: „Wenn ich mal Kinder haben werde, dann sollen sie immer bei mir trinken dürfen, wann sie auch mögen!“
Die Stute dachte sich: „Die Jugend wird doch immer frecher!“
Und sie lief von ihrem Fohlen fort.

Der Uhu hatte so viel von der Sonne gehört, nun wollte er sie auch einmal sehen. Er hielt sich mühsam auf seinem Ast wach und erwartete den Tag.
Als sich die glühende Scheibe über den Berg erhob, schloß er die Augen und schüttelte sich. Die Sonne blendete ihn sehr unangenehm.
„Was findet man nur daran?“ dachte er und freute sich auf die Nacht.

Der Esel trottete mißmutig dahin: Wenn er sich weigerte, Lasten zu tragen, dann beschimpften ihn die Menschen und schlugen ihn sogar. Wenn er sich aber bereitfand, bepackt zu werden, dann überholten ihn alle Vierbeiner, lachten ihn aus und nannten ihn einen Esel. Nein, das war kein Leben, ein Esel zu sein.
Erst als er sich in eine Eselin verliebte und bei ihr Gehör fand, war er vollauf damit zufrieden, ein richtiger Esel zu sein.

„Was tust Du eigentlich, wenn der Sommer vorbei ist?" fragte der Fuchs das Murmeltier. „Eigentlich tust Du im Winter doch gar nichts!" Das Murmeltier antwortete: „Ich versuche zu überwintern. Tust Du etwa mehr?"

Das Liebesspiel der umeinander tanzenden Flamingos regte die anderen Vögel auf.
„Guck mal“, sagte der sittenstrenge Pelikan zu seiner Frau, „was der für zweideutige Bewegungen macht! Und auch seine Laute sind unerhört zweideutig!“
Seine Frau sah gar nicht hin und meinte nur: „Keine Aussage ist so eindeutig wie eine zweideutige.“

„Alles wird modernisiert und technisiert und automatisiert!" klagte kopfschüttelnd der Storch, als er sich ausgerechnet hatte, daß sich sein Säuglings-Transport-Geschäft in diesem Jahr nun gar nicht gelohnt hatte. Für ihn war nicht viel zu tun gewesen, weil niemand mehr das rechte Zutrauen zu ihm hatte. Auch das Vertrauen in die Unternehmen seiner Kollegen war erschüttert. Der Storch wußte nicht, wie das alles künftig werden sollte, und er sah in jeder Hinsicht sehr schwarz.

Da erblickte er auf einer Wiese eine junge Störchin, und er freute sich, daß er im Augenblick nichts anderes zu tun und für sie Zeit hatte.

Und etwas später freute er sich darüber, daß die wesentlichen Dinge im Leben eben doch nicht modernisiert und technisiert und automatisiert worden waren.

„Es ist gut, daß ich führe", sagte die Wildente, die dem Schwarm voranflog, „da merke ich doch wenigstens durch die, die mir folgen, wohin ich zu fliegen habe, um vorne zu bleiben."

„Man müßte sich in die Erde verkriechen können“, grollte der Habicht, als er die sehr appetitlich aussehende Maus in ihrem Erdloch verschwinden sah, „ein Leben wäre das!“
„Man müßte seine Ruhe haben wie da unten der Maulwurf“, piepste ein wenig atemlos die appetitliche Maus, „das wäre ein Leben!“
„Man müßte Augen haben wie ein Habicht“, meinte der Maulwurf, der schon viel von der Welt gehört, aber noch nie etwas gesehen hatte, „wäre das ein Leben!“
„Man müßte die Sorgen der Tiere haben“, dachte ein Mensch und seufzte, „ach, wäre das ein Leben!“

„Die Menschen arbeiten den ganzen Tag“, sagte die Häsin zu ihrem Mann, der faul neben ihr lag.
„Arbeit kann Spaß machen“, meinte der. „Aber wer kann schon den ganzen Tag Spaß vertragen?“

„Glaubst Du an ein Weiterleben nach dem Tode?“ fragte die Eintagsfliege ihren Mann.
Ihr Mann fragte zurück: „Wenn ich es nicht täte, wäre es damit auch für Dich geleugnet? Und wenn ich es glaubte, wäre es dann bewiesen?“ „Nein“, antwortete sie, „aber es würde mich beruhigen.“
Er sah seine Frau durchdringend an: „Eine sehr zweifelhafte Beruhigung, wenn das Weiterleben für alle Fliegen gelten würde – also für Dich u n d mich!“
Damit endete das Gespräch. Und es endete genau so, wie all ihre Gespräche geendet hatten, sei es über das Putzen der Flügel, über das Wetter oder über den Nachwuchs – mit einem feindlichen Schweigen.

Zwei Rehe standen im dichten Gebüsch des Waldes nahe der Bundesstraße. Sie sahen ein Auto nach dem anderen vorbeirasen – die Menschen hatten wohl wieder einmal Wochenende.
Schließlich sagte das eine Reh zum anderen: „Alle wollen sie zurück zur Natur – aber keiner zu Fuß!"

Das Herrenhaus der Spatzenversammlung tagte auf den Telegraphen-Drähten und zwitscherte begeistert. Man hatte nun endlich eine zündende Lebensdevise gefunden für alle Lebewesen, vornehmlich jedoch für die Spatzen. Die Devise sollte lauten: „Kampf bis zur letzten Feder, Kampf bis zum Sieg – auch in der Ehe!“

Man berauschte sich an diesen Worten und wollte denjenigen der ihren feiern, der soeben diesen großartigen Satz geprägt hatte.

Aber jener Spatz war schon heimgeflogen – seine Frau wurde nämlich immer sehr unangenehm, wenn er verspätet zum Essen kam.

„Was hast Du für borstige Haare", sagte der Hamster zum Igel, „schau doch mich mal an!"
Der Igel schämte sich ein wenig, aber trotzig sagte er: „Ich muß solche stachligen Haare haben!"
„Ob Du mußt oder nicht mußt, das weißt Du erstens nicht, denn Du bist ein ganz dummer Igel. Und zum andern kommt es darauf gar nicht an. Ich muß vielleicht auch, aber: Ich will nicht. Und das ist das Entscheidende!" trumpfte der Hamster auf, stellte sich auf die Hinterbeine, wusch sich genüßlich die Hände und sagte leichthin: „Man muß sich eben pflegen!"
Der Igel pflegte sich. Er wurde aber deswegen kein Hamster, weil sein Fell mit der Zeit weicher und seine Stacheln biegsamer wurden. Obwohl ihn kaum jemand noch als Igel erkannte, blieb er doch einer. Aber nicht mehr lange. Dann wurde er von einem Fuchs aufgefressen.

Die Schafherde wunderte sich über eine Gruppe von buntgekleideten Menschen, die ziemlich vergeblich versuchten, das Blöken der Herde nachzuahmen.
Der Leithammel trieb seine Herde an: „Ziehen wir lieber weiter – wer heute mit den Schafen blökt, wird morgen mit den Wölfen heulen."

Zwei Männer waren zur Behandlung bei einem anerkannten Sexual-Therapeuten.
Ihre beiden Hunde saßen im Wartezimmer, „Freud"-los und nicht mehr ganz „Jung". Der eine Hund sagte: „Daß die Menschen nie aufhören wollen, das sogenannte Tier in sich zu suchen."
Der andere Hund stimmte zu: „Wenn wir Tiere erst einmal anfingen, den sogenannten Menschen in uns zu suchen!"
Beide schüttelten den Kopf, und wie aus einem Munde kam ihre abschließende Feststellung: „Das würde eine Enttäuschung bei unseren Herren geben!"

Die kleine Krabbe huschte über den hellen Sand des Strandes von einem Liegestuhl zum anderen und beäugte die Menschen, die darauf lagen.
Schließlich lief sie einer anderen Krabbe über den Weg und sagte: „Hier faulenzen aber viele Menschen!"
Die andere Krabbe bestätigte das: „Ja, ja – bei den meisten Menschen verläuft der Urlaub im Sande."

Der Autor war zugegen, als nach dem Wettlauf zwischen Schildkröte und Frosch der Kampfrichter – es war der Fuchs – den Frosch zum eindeutigen Sieger erklärte.
Der Fuchs würdigte zwar die Leistung der Schildkröte, die „alles gegeben hatte", wie er sagte. Aber sie hatte eben doch verloren. Man sah der Schildkröte den Schmerz der Niederlage nicht an, aber sie lag doch etwas platter im Sand als sonst.
Da hörte man die Stimme der Mutter Schildkröte, die den Einlauf in Höhe des Zielstrichs verfolgt hatte. Sie sagte grimmig: „Wenn man den Boden der Tatsachen verläßt, ist es wahrlich einfach, große Sprünge zu machen!"
Die Tiere verließen diskutierend den Kampfplatz, und:
Sie ließen einen nachdenklichen Autor zurück.